Carl von Thines-Csetneky

Sonderstimme über die wirkende Ursache der Materialität und Gravitation

Carl von Thines-Csetneky

Sonderstimme über die wirkende Ursache der Materialität und Gravitation

ISBN/EAN: 9783743368866

Hergestellt in Europa, USA, Kanada, Australien, Japan

Cover: Foto ©Andreas Hilbeck / pixelio.de

Manufactured and distributed by brebook publishing software (www.brebook.com)

Carl von Thines-Csetneky

Sonderstimme über die wirkende Ursache der Materialität und Gravitation

SONDERSTIMME

ÜBER DIE WIRKENDE

URSACHE DER MATERIALITÄT

UND

GRAVITATION.

VON

CARL VON THINES-CSETNEKY.

DECIPIMUR SPECIE RECTI.

SELBST-VERLAG DES VERFASSERS.

IN COMMISSION BEI FRANZ SELCH

BUCHHÄNDLER.

NB. Man bittet um vorläufige Verbesserung eines sinnstörenden Druckfehlers, u z

Seite 17. Zeile 4 von unten ist anstatt: entgegengesetzten

richtig zu lesen: entgegensetzenden.

Vorwort.

Indem ich ein bisher kaum beachtetes, ja von mancher Seite her neuerdings für nichtig erklärtes Gebiet auf streng inductivem Wege zu betreten unternahm, that ich dies nur in der Voraussetzung, dass eine klare und leichtfassliche Darstellung dieses Versuches für manchen denkenden Freund der Natur und der Wahrheit von einigem Interesse sein dürfte.

Doch auch eingedenk und gewärtig der auf jedem Blatte der Geschichte des menschlichen Geistes verzeichneten Ungunst, womit neue Lehren fast ohne Unterschied ihres Gehaltes stets zu kämpfen hatten: bin ich so weit davon entfernt, mich einer Selbsttäuschung über den Erfolg dieser Schrift hinzugeben, dass ich sie selbst nur als meine Sonderstimme bezeichne und ihre Würdigung jedem denkenden und sachkundigen Leser anheimstelle.

Wien, im Mai 1863.

Der Verfasser.

Einleitung.

Wie müssig oder zwecklos es auch manchen Menschen jederzeit vorkommen mag, über die Ursache einer so alltäglichen und „selbstverständlichen" Erscheinung, als „das Fallen schwerer Körper," mit einiger Beharrlichkeit nachzudenken: so gewiss hat gleichwohl dieser Gegenstand die Geisteskraft vieler Denker aller Zeiten beschäftigt.

Dass die hierüber seit Beginn der Philosophenschulen Altgriechenlands bis zu den Epochen Galilei's, Kepler's und Newton's, wiewohl mit beträchtlichem Aufwande von Geist, Scharfsinn und auch Spitzfindigkeit geführten Erörterungen für die Naturwissenschaft völlig unfruchtbar und werthlos blieben, findet schon darin seinen Erklärungsgrund, weil die kosmische Naturerscheinung der Gravitation, — bei den unrichtigen und mangelhaften Begriffen, welche über das Wesen und die Gesetze der Bewegung noch bis zum Zeitalter Newton's vorherrschten, — nicht einmal in ihrem ganzen

Verlaufe nach allen sinnlich wahrnehmbaren Verhältnissen gehörig beobachtet und erforscht, viel weniger die zu einer wissenschaftlichen Erkenntniss unerlässliche Grundlage von richtig beobachteten und wohlverstandenen Thatsachen gegeben war.

Anders verhält sich die Sache, seitdem durch Entdeckung der Naturgesetze der Bewegung und der Gravitation materieller Substanzen die Grundlage zu einer wissenschaftlichen Physik grossentheils errungen ist.

Der unsterbliche Urheber und Begründer der Gravitationstheorie hat sich zwar mit Untersuchungen über die physische Ursache der Kraft, durch welche die Gravitation erfolgt, nicht besonders beschäftigt; er hat vielmehr sowohl in seinen Principien, als auch in seiner Optik ausdrücklich erklärt, dass er die Schwere keineswegs für eine wesentliche Eigenschaft der Körper halte, dass er die Wörter: **Anziehung** (Attractio), **Antrieb** (Impulsus), oder **Neigung** (Propensio) als gleichbedeutend und ohne Unterschied eines für das andere gebrauche, indem er die Kräfte nicht vom physischen, sondern lediglich vom mathematischen Gesichtspunkte betrachte, daher denn auch bei ihm mit jenen Wörtern keine bestimmte Andeutung über die physische Ursache oder Wirkungsweise der Kräfte verbunden sei. Denn, sagt er, „was ich Anziehung (Attraction) nenne, mag durch Antrieb (Impulse) oder durch irgend andere mir unbekannte Mittel bewirkt werden. Ich gebrauche das Wort hier blos im Allgemeinen zur Bezeichnung einer Kraft, womit die Körper zu einander hinstreben, was auch immer die Ursache sein möge."

Trotzdem entging Newton nicht dem Verhängnisse, in Betreff der Gravitationsursache als Verfechter einer Meinung zu gelten, die er nie geäussert hatte, — die ein an logischer Klarheit, Schärfe und Folgerichtigkeit unübertroffener Mann von Newton's Geisteskraft wohl nie hegen konnte, weil ja dadurch jede Möglichkeit eines begreiflichen Causalzusammenhanges der Erscheinungen schon vorwegs benommen wäre, — deren Zumuthung er deshalb auf das Entschiedenste von sich weist, indem er in einem Briefe an Dr. Bentley es für undenkbar erklärt, „dass die leblose rohe Materie, ohne Dazwischenkunft von etwas Nichtmateriellem, auf eine andere Materie wirken könne ohne gegenseitige Berührung." — Noch bedeutungsvoller ist folgende Stelle: „Dass die Schwere der Materie eingeboren, inhärent und wesentlich sei, so dass ein Körper in die Ferne durch einen leeren Raum wirken kann ohne Vermittlung von etwas Anderem, durch welches die Thätigkeit und Kraft von dem einen auf den andern (Körper) übertragen wird: scheint mir eine so grosse Absurdität, dass ich glaube, Niemand kann bei der erforderlichen Fähigkeit, über philosophische Gegenstände zu denken, darein verfallen."

Alle bisherigen Versuche, die physische Ursache der Gravitationserscheinungen zu erforschen, können füglich auf zwei Kategorien zurückgeführt werden, und zwar:

1. solche, worin die physische Ursache der Gravitation von mechanischen Impulsen durch Stoss oder Druck anderer Massen, oder wellenartige Bewegungen

eines aus materiellen Theilchen bestehenden Mediums hergeleitet wird;

2. diejenigen, welche die Ursache der Gravitation in eine gegenseitige, durch nichts vermittelte Fernwirkung (Anziehung oder Abstossung) als wesentliche, nicht weiter erklärbare Grundeigenschaft aller Materie setzen.

Die Versuche der ersten Kategorie unterliegen im Allgemeinen der Schwierigkeit, welche damit verknüpft ist, dem von ihnen postulirten materiellen Medium eine, den thatsächlichen Wirkungen der Gravitation angemessene Bewegungsgrösse beizulegen, ohne zugleich entweder die Dichtheit des materiellen Mediums für eine ungehinderte Bewegung der Weltkörper viel zu gross — oder die Bewegungsgeschwindigkeit desselben für die Gravitation viel zu gering annehmen zu müssen. Es ist nämlich aus einer von dem unsterblichen Laplace bei Gelegenheit seiner Untersuchung über die Ursache der Acceleration der Mondbewegung durchgeführten, äusserst scharfsinnigen Rechnung bekannt, dass die mittlere Bewegung des Mondes unter andern auch eine von der successiven Fortpflanzung der Gravitation abhängige Störung erleidet, und dass zwischen dieser Störung und der Fortpflanzungsgeschwindigkeit der Gravitation eine solche Verbindung besteht, wodurch die Kenntniss der einen dieser Grössen zur Kenntniss der andern führt. Wird nun jener Störung der grösstmögliche Werth gegeben, welcher mit den Beobachtungen vereinbar ist, nachdem diese wegen der aus der Veränderung der Excentricität der Erdbahn hervorgehenden bekannten Acceleration corrigirt werden: so ergibt sich die Geschwindigkeit der Gravitation in ihrem Minimum fünfzigmillionenmal so gross als die Geschwindigkeit des Lichtes, welche letztere bekanntlich 40.000 geogr. Meilen in der Zeitsecunde übersteigt; wonach das Minimum der Gravitationsgeschwindigkeit zwei Billionen geographischer Meilen pr. Zeitsecunde übersteigen muss, eine Geschwindigkeit, deren Erklärung, wenn sie nicht auf irgend ein imaginär-elastisches Nichts hinausgehen soll, jedenfalls ein stetig ausgedehntes substantielles Medium erheischt, wofür also in einem aus discreten materiellen Theilen bestehenden und der Bewegung der Weltkörper keinen merklichen Widerstand entgegensetzenden Medium eine genügende oder auch nur begreifliche Erklärung schwerlich jemals zu finden sein wird.

Was die Hypothesen der zweiten Kategorie betrifft, so können diese nur in dem Maass für Erklärungen der physischen Gravitationsursache gelten, in welchem ein schwer Begreifliches durch ein völlig Unbegreifliches erklärt zu werden vermag. — Auch scheint man das auf Seiten der Anhänger einer unvermittelten physischen Fernwirkung wohl zu fühlen, indem man nicht sowohl die physische Ursache der Gravitation zu erklären, als vielmehr die Entbehrlichkeit einer solchen Erklärung hauptsächlich damit nachzuweisen glaubt, dass nachdem schon längst sowohl die Existenz einer allgemeinen Gravitationskraft, als auch das Gesetz ihrer Wirksamkeit, vollkommen erwiesen feststeht, nunmehr jede Untersuchung über die Natur dieser Kraft, für die logische Entwicklung und das richtige Verständniss aller aus jenem Gesetze sich ergebenden Schlussfolgen, genau so nutzlos und überflüssig sei, als die Kenntniss der Einheit einer Zahl zum Zweck einer mit ihr auszuführenden Rechnung, — Allein dieser Ausspruch mag wohl nur in jenen Fällen zutreffend sein, wo die Aufgabe eine allgemeine mechanisch-mathematische Behandlung zulässt, d. h. so lange es sich nur darum handelt, aus gegebenen Wirkungen nach Grundsätzen der analytischen Mechanik auf die wirkenden Kräfte im Allgemeinen oder umgekehrt aus gegebenen Kräften auf die Wirkungen zu schliessen, wobei die specifische Natur der Kräfte selbst nicht in Betracht kommt, daher allerdings nicht bekannt zu sein braucht.

Ganz anders jedoch verhält sich die Sache, sobald die Aufgabe eine völlig bestimmte, concrete, physikalische ist, welche nur mit Rücksicht auf völlig bestimmte Kraftträger, Kraftsubjecte, oder Kraftsubstrate gelöst zu werden vermag. Denn gleichwie es dem Rechner nicht gleichgiltig sein kann, welche Einheit der von ihm berechneten Zahl zu Grunde liege, sobald es sich dabei für ihn z. B. um die concrete Aufgabe einer zu leistenden oder zu empfangenden Zahlung handelt, so dürfte es wohl auch dem denkenden Physiker nicht ganz gleichgiltig sein, ob er sich die physische Ursache der grossartigsten Wirksamkeit in der Natur lediglich als eine regungslose träge Masse, oder etwa als eine unermessliche leere Raumgrösse, oder vielleicht als etwas von beiden völlig verschiedenes Drittes zu denken habe.

Da die Erfolglosigkeit aller bisherigen Versuche die physische Ursache der Gravitation zu ergründen, bei der gewiss bedeutenden geistigen Begabung mancher Männer, die sich daran betheiligten, hauptsächlich einer zu grossen und kritiklosen Hingebung an gewisse als maassgebend angesehene Begriffe oder Satzungen, zum Theil wohl auch einer irrigen Auslegung oder Würdigung von Thatsachen beizumessen sein dürfte, so werde ich mir erlauben, in dem Folgenden zuerst jene theils traditionellen, theils seit kurzem in Aufnahme gekommenen Begriffe und Satzungen anzuführen, die mir durchaus nicht den erforderlichen Grad von Evidenz zu besitzen scheinen, um als unverrückbare Regulative einer exacten Naturforschung dienen zu können; — sodann aber werde ich in Betreff des eigentlichen Gegenstandes dieser Schrift meine Ansichten und Gründe so klar und bündig, als ich es vermag, zu entwickeln suchen.

I.

Ueber bedenkliche Satzungen.

I.

Bedenkliche Satzungen.

§. 1.

Die Satzung „von der Materie und ihren Kräften als der Gesammtheit des Realen in der Natur."

Auf jedem Gebiete der menschlichen Erkenntniss steht es dem Forscher frei, den Gegenstand sowohl, als den Umfang seiner Forschung zu bestimmen, die Grenzen derselben nach seinem Belieben enger oder weiter zu ziehen, immerhin vorausgesetzt, dass dadurch für die Wissenschaft selbst kein Präjudiz aufgestellt werde.

In diesem Sinne bleibt es gewiss auch dem Naturforscher stets unbenommen, den Gegenstand und Umfang seiner Forschung zu präcisiren, z. B. zu erklären, dass er sich auf Untersuchungen über „Materie und ihre Kräfte" beschränken wolle.

Wenn aber, wie dies heutzutage nicht selten geschieht, als leitende Grundsätze oder Ausgangspunkte für die Naturwissenschaft selbst Satzungen aufgestellt und proclamirt werden, wonach „die Gesammtheit des Realen in der Natur lediglich aus **Materie und ihren Kräften** bestehen", die Naturlehre somit nur von Materie und ihren Kräften handeln soll, — oder wenn das Seiende geradezu nur als Materie aufgefasst und bezeichnet wird, so ist damit augenscheinlich schon im Vorhinein über eine Frage von höchster Wichtigkeit abgesprochen, welche in der Naturlehre, so lange diese noch nicht zum Abschlusse gediehen ist, nur als offene Frage betrachtet und behandelt werden darf, nämlich die Frage: ob alle Naturkräfte immanente Eigenschaften der Materie, also stets und ausschliesslich an materielle Substrate gebunden seien, oder ob nicht vielmehr das Gegentheil in Wirklichkeit stattfinde, indem alle materiellen Einzelwesen, Körper, gleichwie Atome, nur als passive Gegenstände der auf sie wirkenden und sie naturgesetzlich beherrschenden **nichtmateriellen** Kräfte erkannt zu werden vermögen?

In dieser Frage aber ist, wie leicht zu ersehen, auch jene über den Umfang der Naturwissenschaft mit enthalten. Wollte man sie also blos nach dem jeweiligen Entwicklungszustande der Physik präjudiciell entscheiden, so würde man nicht allein Gefahr laufen, eine irrige und einseitige Satzung aufzustellen, sondern auch die wesentlichste Aufgabe der Physik als Wissenschaft misskennen oder verläugnen. Denn ein blosses und wenn auch noch so vollständiges Register oder Repertorium aller über die sinnlich wahrnehmbaren Erscheinungen und Verhältnisse materieller Substanzen durch Beobachtung oder Experimentiren bewährten Thatsachen bildet wohl eine Grundlage, aber bei weitem noch nicht eine **Wissenschaft** der Physik, insofern es Aufgabe der letztern ist, die Veränderungen der Naturdinge nach allgemeinen Gesetzen aus wirkenden Ursachen zu erkennen und zu erklären. Da nun die Veränderungen, welche wir an den Naturdingen wahrzunehmen vermögen, wo nicht ausschliesslich, so doch zumeist in Bewegungen bestehen, diese aber aus ihren Ursachen, das ist aus den im physischen Weltall waltenden Kräften zu erklären sind, so ist der subjective Umfang des physikalischen Erkenntnissgebietes offenbar bedingt von der jeweiligen Kenntniss der waltenden Naturkräfte; seine Grenzen können demnach eben so wenig von irgend Jemanden vorhinein abgesteckt und bestimmt werden, als irgend ein Sterblicher jemals im Stande sein wird, die Behauptung zu rechtfertigen, dass die Gesammtheit des Realen in der Natur nur aus Materie und ihren Kräften bestehe.

Wer aber vollends, wie dies seit einiger Zeit öfter vorkommt, der Naturlehre die Aufgabe stellt, „das Veränderliche der Materie aus den Kräften der Materie selbst zu erklären", hat schon damit über die Nichtigkeit alldessen, was nicht Materie ist, vielleicht etwas zu vorlaut, jedenfalls unbedingt abgesprochen, zugleich das Maass seiner eigenen Einsicht als Grenze der menschlichen Einsicht überhaupt hingestellt.

Mit einer solchen Ansicht ist nicht zu rechten, sie bezeichnet den einseitigen Standpunkt des unbedingten Sensualismus, der nur in sinnlichen Eindrücken das Kriterion aller Existenz, das Richtmaass aller Erkenntniss findet, daher auch nur dem **Tastbaren**

Realität zugesteht, dagegen Allem, was der Wirkungssphäre der äusseren Sinne nicht völlig oder unmittelbar zugänglich ist, jede Daseinsmöglichkeit unbedingt abspricht.

§. 2.

Die Satzung vom Raum überhaupt, und vom „leeren Raum" insbesondere.

Es ist für den Entwicklungsgang der menschlichen Naturkenntniss, wie mir scheint, sehr bezeichnend, dass seit jener so denkwürdigen Epoche Galilei's, welche das eigentliche Merkmal des Materiellen in der sogenannten Trägheitskraft (vis inertiae) zuerst erkannt hatte, auf dem ganzen weiten Gebiete der Naturwissenschaft kein Bedürfniss fühlbar wurde nach der Berechtigung des althergebrachten Raumbegriffes in der Physik auch nur zu fragen, noch viel weniger, sie genau zu untersuchen; wiewohl darüber, ob aller Weltraum mit Materie erfüllt, oder wenigstens theilweise daran leer sei, namentlich zwischen Leibnitz als Anhänger des Cartesianismus, und Sam. Clarke als Verfechter der Theorie Newton's, zu Anfang des vorigen Jahrhunderts, ausführliche bis zum fünften Schriftwechsel gediehene Erörterungen geführt worden waren.

Heutzutage würde eine Streitfrage über das wirkliche Vorhandensein einer Leere an Materie, also einer blos relativen Leere, Demjenigen ganz müssig erscheinen, der das allein richtige Merkmal der Materialität, nämlich Trägheitswiderstand, oder Massenhaftigkeit, mit der constatirten Widerstandslosigkeit des Mediums, worin die Bewegungen der Weltkörper vor sich gehen, zusammenhält. Allein um solche blos relativ-leere Räume handelt es sich hier nicht.

Auch ist hier keine Frage um den geometrischen Raumbegriff, dessen sich der Geometer, jedoch mit stetem Bewusstsein von seiner Fiction, bedient, indem er nicht selten, sogar bei soliden Körpern, von jedem Inhalt abstrahirend, sie nach dem jeweiligen Zweck seiner Aufgabe, als absolut leer oder durchdringlich betrachtet.

Wohl aber betrifft die Frage den absoluten oder metaphysischen Raumbegriff, sofern dieser auch in der Physik und zwar nicht als blosse Abstraction der realen oder physischen Grösse, etwa in rein geometrischem Sinn, verwendet, sondern geradezu als Grundlage und Existenzbedingung aller realen Grösse in einer Weise postulirt wird, die, wie mir scheint, wenig geeignet ist exacten Schlussfolgerungen zu Grunde gelegt zu werden.

Der absolute Raum gilt in der herrschenden Naturlehre für ein Wesen eigener Art, u. z. für ein nach allen drei Dimensionen unermesslich und stetig ausgedehntes, inhaltloses, dem allein es beschieden sei, sein eigener constanter Ort zu sein, während alle anderen Naturdinge ihren physischen Ort nicht in sich selbst, sondern nur in jenem „Raum" genannter Dinge haben — auch nur durch „Raumerfüllung" zur Existenz gelangt sein und ihr Dasein behaupten sollen.

Wenn der auf seine exacte Forschungsmethode grossen Werth legende Physiker bisher gleichwohl einem solchen Raumbegriffe objective Realität zugestand, wenn er kein Bedenken trug sich desselben zur Verknüpfung und Erklärung von Naturerscheinungen zu bedienen: so wird er sich auch der Consequenz kaum füglich entschlagen können, über solchen Gedankenapparat und die Berechtigung seiner Anwendung auf empirische Thatsachen, einer sachgemässen Erörterung Raum zu geben, zumal sie einen Gegenstand betrifft, der ausser dem Bereiche einer directen sinnlichen Wahrnehmung liegt, worüber also das negative oder vielmehr mangelnde Sinnenzeugniss unentscheidend und beweislos ist.

Werden zuvörderst jene sogenannten Räume oder Raumtheile, welche von aller Materie frei sind, schon desshalb zugleich für absolut leer gehalten: so entstehen, wie mir scheint, für jeden klar und folgerecht denkenden Menschen nicht zu bewältigende Schwierigkeiten darüber: was an einem „absolut Leeren" und im strengsten Sinne inhaltlosen, dennoch als stetig und zwar nach allen drei Dimensionen „stetig ausgedehnt" zu erachten, oder umgekehrt: was an einem nach allen drei Dimensionen „stetig ausgedehnten" Dinge dennoch für absolut leer zu halten sei, wenn es nicht eben nur das mit dem Namen „Raum" bezeichnete, jedoch gewiss nicht für „exact" geltende „Nihilum extensum" sein soll?

Um sodann die Verwendung jenes Raumbegriffes in der Naturlehre zu rechtfertigen, müssten diejenigen Thatsachen dargelegt und nachgewiesen werden, welche die Satzung begründen sollen, dass die Naturdinge nicht in sich selbst, sondern nur in einem andern an sich inhaltlosen und dennoch stetig ausgedehnten Dinge existiren; — gleichwie die Thatsachen kundzugeben wären, woraus bei der behaupteten absoluten Unbeweglichkeit des Raumes und dem Aussersichsein aller Naturdinge, der mit jeder Ortsveränderung, d. i. Bewegung derselben verbundene Existenzwechsel, nämlich fortwährende Vernichtung und Wiedererzeugung von Raum, erhellen soll. — Nun vermag aber kein Naturforscher ernstlich zu behaupten, dass er von solchen Thatsachen oder von dem wirklichen Dasein eines absolut leeren Raumes überhaupt, sinnliche Erfahrungskenntniss und empirische Beweise habe; denn das Aeusserste, was er darüber aus dem durchwegs unzulänglichen negativen Zeugnisse seiner äussern Sinne allenfalls schliessen darf, ist ein blosses „non liquet."

Wenn endlich in Betreff der hierbei so nahe liegenden Frage: ob denn die Annahme einer objectivrealen blossen Ausdehnung ohne Inhalt, etwa durch die Gesammtheit der bekannten physikalischen Thatsachen und Erscheinungen postulirt werde: ein so exacter Naturforscher und tiefsinniger Denker wie Laplace die Hypothese eines leeren Weltraums entbehrlich findet, und die Annahme eines den Himmelsraum stetig füllenden gleichwohl aber den Bewegungen der Weltkörper keinen merklichen Widerstand entgegengesetzen Fluidums ohne Zwischenräume (un Fluide dénué de pores) für statthaft erachtet: so mag es immerhin nicht zwecklos sein, den Unterschied zwischen dieser letzterwähnten

Annahme und jener althergebrachten sensualistischen Ansicht vom leeren Raum, zu bestimmen und einiger Betrachtung zu unterziehen.

Worin die beiden hypothetischen Wesen, nämlich Raum und physisches aber nichtmaterielles Fluidum, übereinstimmen, ist: **Widerstandlosigkeit**, als qualitatives — und **stetige Ausdehnung** als quantitatives Moment des Seins.

Die Unterschiede bestehen in der Art der Widerstandlosigkeit und der Daseinsstetigkeit. Während nämlich das von Laplace aufgestellte physische Continuum als eine mit physischer Eigengrösse, d. i. stetiger Existenz, begabte physische aber nichtmaterielle, d. h. mit keinen Trägheitsfesseln behaftete und nicht aus discreten Theilchen bestehende, sondern ein durchaus identisches Continuum bildende Flüssigkeit in sich selbst absolut beweglich, daher nichtwiderstehend ist: wird dem absoluten Raume von seinen Anhängern nur Irreductibilität, nicht aber auch Impenetrabilität beigelegt, da er seinem Wesen nach durchdringlich sein soll. Nun ist zwar Durchdringlichkeit des Raumes allerdings eine logische Consequenz jenes transcendentalen Postulates von dem „Aussersichsein" aller physischen Dinge; denn wer das Axiom aufstellt, dass alle physischen Dinge nicht in sich selbst, sondern nur in einem andern eigends hiezu bestimmten inhaltlosen, aber stetig ausgedehnten und in allen Theilen absolut unbeweglichen, Raum genannten, Dinge existiren: vermag folgerecht nicht anders als weiter zu behaupten, dass mit jeder Bewegung oder Ortsveränderung eines Körpers zugleich ein Existenzwechsel, eine Vernichtung und Wiedererzeugung verbunden sei, indem der absolute und unbewegliche Raum an jedem Ort, in welchen der bewegte Körper eintritt, vernichtet, hingegen an jedem Punkte, welchen der bewegte Körper eben verliess, wieder erzeugt werde, wodurch die Summe sowohl des erfüllten als auch des leeren Raumes stets unverändert bleibe und worin die Irreductibilität des absoluten Raumes, ungeachtet seiner Durchdringlichkeit bestehen soll.

Allein, ausserdem dass derlei Behauptungen dem physikalischen Standpunkte durchaus fremd sind, erscheinen sie auch nichts weniger als geeignet zu Gunsten der Hypothese vom absolut leeren Raum irgend eine Bevorzugung zu begründen. Denn bei unbefangener Prüfung stellt sich nur so viel heraus, dass dem „Raum" genannten Wesen die Attribute der stetigen Ausdehnung, der Widerstandslosigkeit oder scheinbaren Durchdringlichkeit und der Irreductibilität mit gutem auf erfahrungsmässigen Thatsachen und logischen Schlüssen beruhenden Grunde beigelegt werden; dass sich aber dieses keineswegs auch von den apriorischen oder transcendentalen Attributen des Aussersichseins und Raumerfüllens aller Naturdinge, sowie des mit Vernichtung und Wiedererzeugung verbundenen Existenzwechsels behaupten lässt.

Hat übrigens der Physiker einmal den Umstand reiflich erwogen, dass er den bei weitem grössten Theil der sinnfälligen Objecte nur mit einem einzigen seiner äusseren Sinne und nur innerhalb gewisser Grenzen und unter bestimmten Bedingungen wahrzunehmen vermag, auch dass er keinen Grund hat sich selbst für das bestorganisirte, mit allen Sinnenapparaten in höchster Vollkommenheit und Vollständigkeit ausgestattete Naturwesen zu halten, dessen sinnlicher Wahrnehmung keine physische Substanz, kein Naturding entgehe: so wird er sicherlich nicht ungeneigt sein, anzuerkennen, dass es recht wohl physische Substanzen geben kann, die seinen Sinnen ganz unzugänglich sind, für ihn also ausser allem Bereiche der sinnlichen Wahrnehmung liegen, ohne deshalb blos ein leerer Raum zu sein.

§. 3.

Die Satzung von der unvermittelten Fernwirkung, oder dynamischen Allgegenwart der Materie.

Quaque est via nulla feruntur.

Es scheint ein eigener Zufall darin obzuwalten, dass gerade diejenigen Schriftsteller, die sich in überschwenglicher Lobpreisung der naturwissenschaftlichen Fortschritte ihrer Zeit gleichsam überbieten, — und die es lieben zur Veranschaulichung des unermesslichen Abstandes zwischen der hohen Vollkommenheitsstufe moderner Naturlehre und dem crassen Irrthum altrömischer Naturansicht, zumeist das bei Plinius d. ä. (Hist. Nat. Lib. XXXII. C. 7.) vorkommende Mährchen, von dem kleinen Seefisch Remora, oder Echineis, anzuführen — allem Anscheine nach weder durch eine

Association der Ideen, noch sonst irgendwie sich jemals veranlasst fanden, zwischen diesem altrömischen wissenschaftlichen Mährchen und der modernen „Grundwahrheit" von der unvermittelten Fernwirkung der Materie, Vergleichungen anzustellen; weil sie sonst die altrömische Leichtgläubigkeit wahrscheinlich milder beurtheilt, in der Lobpreisung der modernen Naturlehre aber mehr Maass gehalten haben würden. Denn, jenes Mährchen von Plinius, wonach das von vierhundert Ruderern in Bewegung erhaltene Schiff des Kaisers Cajus, auf der Seefahrt von Astura nach Antium, durch einen sich an das Steuerruder anlegenden, kaum fussgrossen Fisch, Echineis, urplötzlich festgehalten worden und bis zur Hinwegnahme des Fisches, trotz aller Anstrengung der Ruderer, unbeweglich geblieben sein soll — zeugt zwar von einer grossen Unkenntniss wesentlicher Grundsätze der Statik und Bewegungslehre, enthält aber doch nichts an sich Unbegreifliches, sobald man sich nur die Masse und Kraft des Fisches im Verhältniss zu der postulirten Wirkung vergrössert denkt; — während dagegen die, neuerdings von mancher Seite für „erwiesen" ausgegebene, unvermittelte Fernwirkung, oder richtiger gesagt, dynamische Allgegenwart der Materie, als ein dreifach potencirter Ausdruck von solcher Unbegreiflichkeit sich darstellt, dass in Vergleichung desselben die Sage vom Echineis ganz füglich für ausgemachte Wahrheit gelten kann.

Die erste Unbegreiflichkeit der vermeintlichen „Grundwahrheit" von der unvermittelten Fernwirkung der Materie, besteht nämlich in der Annahme eines an sich absolut leeren, inhalt- und wesenlosen, gleichwohl aber nach allen drei Dimensionen stetig ausgedehnten Dinges, somit des absoluten „Nichts" in der Form einer objectiv-realen Grösse.

Die zweite Unbegreiflichkeit ist, dass, obwohl erfahrungsmässig der regungs- und leblosen trägen Masse kein spontanes Streben, daher auch keinerlei bestimmte Tendenz zur Bewegung oder Ruhe inwohnt, dennoch jedes materielle Theilchen auf jedes andere derlei Theilchen in jeder wenn auch noch so grossen Entfernung anziehend wirken soll.

Die dritte Unbegreiflichkeit endlich bildet die, aller Erfahrung gleichwie allen Grundsätzen der Bewegungslehre widerstreitende Annahme, dass die behauptete Anziehung ohne alle Vermittlung, oder Dazwischenkunft von etwas Anderm, vor sich gehe; — dass also jedes materielle Theilchen in jedem andern auf jede Entfernung und zu jeder Zeit unmittelbar gegenwärtig sei.

Diesen, jede Möglichkeit einer Bewahrheitung (Verification) weitaus überschreitenden Unbegreiflichkeiten gegenüber, wird auch der äusserste Sensualismus nicht behaupten wollen, dass eine unvermittelte Fernwirkung der Materie bereits durch Thatsachen der Erfahrung, d. i. durch sinnliche Wahrnehmung constatirt sei. Denn Alles, was in dieser Beziehung mit gutem Grunde angeführt werden kann, besteht in der Thatsache, dass die bisher bekannten Gravitationserscheinungen in solcher Weise erfolgen, wie dies nach menschlichem Erkenntnissvermögen der Fall sein würde, wenn jedes materielle Theilchen der Sitz anziehender Kräfte wäre, die im directen Verhältniss der Massen und im umgekehrten quadratischen der Entfernungen, unsichtbar und untastbar, somit auf eine nicht sinnfällige Weise, wirkten. Hieraus aber folgt offenbar nichts Anderes, als dass die wirkende Ursache der Gravitation nur eine solche, aber jede solche, sein kann, welche in ihrer Wirkung diesen Bedingungen des Gravitationsgesetzes genügt.

Der unübertreffliche Urheber der Gravitationstheorie, Newton selbst, war bekanntlich so weit davon entfernt eine unvermittelte Fernwirkung der Materie anzunehmen, dass er sogar es nöthig fand, sich gegen eine solche Zumuthung in entschiedenster Weise zu verwahren; wobei er wohl nicht geahnet haben wird, hiefür dereinst von einem berühmten Landsmanne sehr scharf beurtheilt, ja geradezu eines gröblichen Irrthums geziehen zu werden.

Der hochberühmte Verfasser des bereits in mehreren Auflagen erschienenen Werkes: „A System of Logic, rationative and inductive, being a connected view of the principles of evidence and the methods of scientific investigation." (London) nimmt grossen Anstoss daran, dass Newton die unvermittelte Fernwirkung der Materie für eine undenkbare Absurdität erklärt hat, und äussert sich hierüber zuerst in der Einleitung, wo von dem Argumente der Unbegreiflichkeit die Rede ist — sodann aber auch in der dritten Abtheilung „vom Irrthum," Cap. 3. §. 3.

Am ersten Ort wird dem Argumente der Unbegreiflichkeit jeder darauf gewöhnlich gelegte Nachdruck abgesprochen; weil die Erfahrung zeige, dass unsere Fähigkeit oder Unfähigkeit ein Ding zu begreifen, sehr wenig mit der Möglichkeit des Dinges an und für sich zu thun hat. Es sei in Wahrheit eine Sache des Zufalls und hänge von der vergangenen Geschichte und den Gewohnheiten unseres eigenen Geistes ab. Es gebe keine allgemein anerkannte Thatsache in der menschlichen Natur, als die äusserste Schwierigkeit, die man im Anfange empfindet, sich Etwas als möglich vorzustellen, was im Widerspruch mit einer langen und gewohnten Erfahrung, oder sogar mit alten Denkgewohnheiten ist. Diese Schwierigkeit sei ein nothwendiges Resultat der Grundgesetze des menschlichen Geistes, wovon kein Mensch ausgenommen, und wovon es in der Geschichte der Wissenschaft merkwürdige Beispiele gebe; „Fälle, in denen die weisesten Männer Dinge als unmöglich, weil unbegreiflich, verwarfen, welche ihre Nachkommen durch frühzeitigere Uebung und bei grösserer Beharrlichkeit ganz leicht begreiflich fanden und deren Wahrheit jetzt Jedermann bekannt ist." Unter den hiezu gehörigen Beispielen wird auch Newtons folgendermassen gedacht: „Newton selbst war nicht fähig seine Vorstellung zu realisiren, er hätte sonst nicht seine Hypothese von einem feinen Aether, der verborgenen Ursache der Gravitation, aufgestellt. Seine Schriften beweisen, dass, obgleich er die besondere Natur dieses intermediären Körpers für hypothetisch hielt, ihm doch die Nothwendigkeit irgend eines s o l c h e n A g e n s unzweifelhaft schien. Gegenwärtig sogar hat die Mehrheit der Gelehrten diese Schwierigkeit noch nicht vollständig überwunden, denn obgleich sie zuletzt zu begreifen gelernt haben, dass die Sonne ohne ein zwischentretendes Fluidum die Erde a n z i e h t, so können sie doch noch nicht begreifen, dass die Sonne ohne ein solches Medium die Erde b e l e u c h t e t".

Am zweiten Orte, (III. Abth. C. 3, §. 3) wird die, schon oben §. 3 erwähnte Aeusserung Newtons, aus dessen Briefe an Dr. Bentley über die Absurdität einer unvermittelten Fernwirkung, wörtlich angeführt und sodann mit folgender Bemerkung begleitet:

„Diese Stelle sollte in das Arbeitszimmer eines jeden wissenschaftlichen Mannes, der in Versuchung kommen kann, eine Thatsache für unmöglich zu erklären, weil er sie sich nicht denken, sie nicht begreifen kann, in grossen Lettern aufgehangen werden. Heutzutage würde man eher geneigt sein, die ganze Schlussbemerkung (Newton's), obgleich mit demselben Unrecht umzukehren und darin, dass man in einer so einfachen und natürlichen Sache eine Absurdität sehen wollte, die wirkliche Abwesenheit der erforderlichen Denkfähigkeiten zu erblicken. Es findet jetzt Niemand die geringste Schwierigkeit darin, sich die Schwere wie die andern Eigenschaften, als der Materie eingeboren, innewohnend und wesentlich zu denken, und die Voraussetzung eines Aethers erleichtert diese Vorstellung nicht im geringsten Grade, auch hält es Niemand für unglaublich, dass die Himmelskörper auf einander wirken können und wirken, wenn sie auch nicht körperlich gegenwärtig sind. Es scheint uns nicht wunderbarer, dass Körper ohne gegenseitige Berührung auf einander wirken, als dass sie wirken, wenn in Berührung; wir sind mit beiden Thatsachen vertraut und finden sie gleich unerklärlich, aber beide gleich glaubhaft. Newton schien die eine natürlich und von selbst verstanden, weil seine Einbildungskraft damit vertraut war, während ihm die andere aus dem entgegengesetzten Grunde absurd und unglaubhaft erschien. Wenn ein Newton in dem Gebrauche eines solchen Arguments so gröblich irren konnte, wer kann darin sicher gehen?"

Möge es mir erlaubt sein, hierüber mit aller dem berühmten Verfasser jenes Systems der inductiven Logik gebührenden Hochachtung, meine Ansicht kurz und offen darzulegen.

Zuvörderst finde ich, dass hier vom philosophischen Standpunkte und mit allgemeinen dialektischen Gründen eine Aeusserung Newton's bekämpft werden will, welche Dieser vom Standpunkte der mechanischen Naturlehre und aus mechanisch-physikalischen Gründen gethan hatte; dass also bei der gründlichen Disparität der von den beiden Heroen der Wissenschaft vertretenen Standpunkte, auch die beiderseitigen Gründe völlig incommensurabel erscheinen.

Vom philosophischen Standpunkte einer absoluten Erkenntniss mag es immerhin nicht wunderbarer scheinen, dass Körper ohne gegenseitige Berührung auf einander wirken, als dass sie wirken wenn in Berührung. Auch mögen in solchem Sinne jene allgemeinen dialektischen Gründe und Exemplificationen gelten, wonach alle unsere Fähigkeit oder Unfähigkeit ein Ding zu begreifen, nur Sache des Zufalls sein und von der vergangenen Geschichte oder den Gewohnheiten unseres eigenen Geistes abhängen soll.

Anders jedoch verhält sich wie mir scheint, die Sache vom Standpunkte des Physikers, der eine absolute Erkenntniss der Naturdinge weder beansprucht, noch anstrebt, da er wohl weiss, dass eine solche ihm stets unerreichbar bleibt; — der sich also mit einer relativen oder bedingten, aus sinnlicher Wahrnehmung und Vernunftsschlüssen bestehenden Erkenntniss begnügen muss, und dessen Aufgabe es ist, die Gesetze der Naturerscheinungen aus Thatsachen der Erfahrung zu erforschen und aus wirklichen Merkmalen eines zwischen den betreffenden Thatsachen bestehenden Zusammenhanges zu erklären.

Es gibt ein gewisses Minimum an logischer Umsicht und Folgerichtigkeit, welches jedem ernsten Unternehmer im Bereiche menschlicher Strebungen füglich zugemuthet werden darf, und welches meiner Ansicht nach darin besteht, dass der Unternehmer sein Vorhaben für ausführbar, sein Ziel erreichbar halte, und nicht etwa damit beginne, es im Vorhinein selbst zu vereiteln, oder von einer schlechterdings unzugänglichen Seite in Angriff nehmen zu wollen.

Wer demnach eine Erforschung der Gesetze der

physischen Welt unternimmt, wer die Naturerscheinungen in ihrem ursachlichen Zusammenhange und ihren Wechselwirkungen zu erkennen und logisch zu begreifen strebt, hat schon thatsächlich die Möglichkeit solcher Erforschung, mithin die Begreiflichkeit der Naturerscheinungen vorausgesetzt und würde, wie mir scheint, ganz inconsequent verfahren, wenn er sich hierin durch Philosopheme leiten oder beirren liesse, wonach es gleich unerklärlich aber gleich glaubhaft sein soll, dass Körper ohne gegenseitige Berührung auf einander wirken, wie dass sie wirken, wenn in Berührung. Denn nach solchem Grundsatze wäre alle Naturforschung, die sich nicht auf das Maass einer ausschliesslich der Förderung materieller Interessen und Zwecke dienenden handwerksmässigen Empirie beschränkt, ganz müssig und illusorisch.

Wenn nun der denkende Forscher in allen den Fällen von Bewegungserscheinungen, die in Betreff ihrer Entstehung, gleichwie ihres Verlaufes und Gegenstandes genaue und vollständige Beobachtungen oder Experimente zulassen, die beständige Erfahrung macht, dass jedes Hervorbringen, Mittheilen oder Uebertragen der Bewegung von einer physischen Substanz an eine andere, zwischen beiden einen zeitweiligen, wenn auch nur momentanen Zusammenhang, eine unmittelbare oder mittelbare Berührung durch Stoss, Druck oder Zug unumgänglich erheischt, weil sonst keine Bewegung erfolgt; — wenn er weiters auch im ganzen Gebiete der rationellen Mechanik keine Art und kein Mittel von Bewegung aufzufinden vermag, wobei nicht die bewegende Kraft oder Substanz an ihrem Angriffspunkte sich zu befinden oder mit dem Bewegungsobjecte wenigstens in mittelbare Berührung zu treten nöthig hätte; — wenn er überdiess zu der klaren Einsicht gelangt ist, dass, wie enge Grenzen auch der Schärfe und Tragweite seiner äussern Sinne, somit seinem sinnlichen Wahrnehmungsvermögen gezogen seien, hievon doch ganz unabhängig, sowohl die objective Realität der Naturdinge, als auch die Giltigkeit der aus gehörig beobachteten Thatsachen folgerichtig erschlossenen Naturgesetze fortwährend besteht: — sollte er da nicht zu dem Schlusse berechtigt sein, dass der Naturvorgang der Bewegung auch in den Fällen, wo derselbe unserer sinnlichen Wahrnehmung ganz oder theilweise unzugänglich ist, nach demselben Naturgesetze erfolgt, wie in jenen, wo er genau und vollständig beobachtet werden konnte; dass also auch hier das, wenngleich unsichtbare oder nichtmaterielle Bewegende mit seinem Bewegungsobjecte in zeitlichen Zusammenhang oder mittelbare Berührung treten muss, damit Bewegung erfolge? — dass demnach eine Fernwirkung materieller Substanzen ohne Dazwischenkunft von etwas Uebersinnlichem oder Nichtmateriellem, welches den zur physischen Wirkung unbedingt nothwendigen Zusammenhang herstelle, in der That eben so unbegreiflich, als ihre Erklärung nach bisher bekannten Naturgesetzen unmöglich ist?

Die Bejahung dieser Fragen erscheint mir um so unbedenklicher, als seit Entdeckung des Gravitationsgesetzes bisher nicht nur kein physikalischer Beweis für eine unvermittelte Fernwirkung der Materie hergestellt wurde, sondern im Gegentheile viele der Entdeckungen oder deductiven Wahrheiten, womit die Wissenschaft auf den Gebieten der Optik, der Wärmelehre, der Electricität und des Magnetismus von den ausgezeichnetsten Naturforschern, Geometern und Analytikern neuerer Zeit, namentlich von Young, Fresnel, Biot, Arago, Airy, Hamilton, Whewell, Poisson, Cauchy, Gauss, Baumgartner, Ettingshausen, Littrow, Petzvall, Ampère, Fourier, Dalton, Dulong, Lamé, Muncke, Oersted, Volta, Davy, Faraday, J. F. Herschel, Plücker, Ohm, Plana, Neumann, Clausius, Helmholtz, Weber u. A. vielfach bereichert worden ist, — gleichsam thatsächliche Widerlegungen des Satzes von einer unvermittelten Fernwirkung der Materie enthalten.

Wird hiebei noch der Umstand erwogen, dass Newton's Ueberzeugung von der naturgesetzlichen Unmöglichkeit einer ohne alle Vermittlung fernwirkenden Materie nicht ihm allein eigen war, sondern gerade auch von allen den geistig begabtesten Zeitgenossen sowohl als Nachfolgern, Anhängern sowohl als Gegnern, die ihm an Geisteskraft und Einsicht nahezu ebenbürtig erachtet werden dürfen, wie: Leibnitz, Huyghens, Dan. und Joh. Bernoulli, Euler, Maclaurin, Clairaut, d'Alembert, Laplace u. s. w. übereinstimmend getheilt wurde: so möchte es gewiss nicht leicht sein, in dieser Sache jenem dialectischen Argumente, wonach heutzutage die Mehrheit der Gelehrten eine unvermittelte Fernwirkung der Materie recht wohl begreiflich finden soll, entscheidende Geltung zu verschaffen. Denn es entsteht hiebei die Frage: ob nicht etwa Diejenigen in einer Selbsttäuschung befangen sind, die zu begreifen wähnen, was den grössten Geistern, den scharfsinnigsten Denkern der letzten zwei Jahrhunderte auch bei äusserster Anstrengung ihres Denkvermögens unbegreiflich blieb? — Diese Frage scheint hier um so statthafter zu sein, als das Begreifen einer Sache jedenfalls eine klare und deutliche Vorstellung von derselben voraussetzt oder bildet; eine derartige Vorstellung aber gewiss auch geeignet sein muss, in klaren und verständlichen Ausdrücken mitgetheilt zu werden. Bisher ist jedoch von keinem einzigen der angeblich so zahlreichen Begreifer einer unvermittelten Fernwirkung der Materie hierüber etwas mitgetheilt oder veröffentlicht worden, was in diesem Falle um so befremdlicher erscheinen müsste, da sonst bekanntlich die wissenschaftliche Welt auch über Gegenstände von weit untergeordneterem Belange mit ausführlichen Berichten bedacht zu werden pflegt.

Der denkende Naturforscher findet im Bereiche seines Wirkens eben so häufigen als gegründeten Anlass zu der Ueberzeugung, dass die letzte oder oberste Ursache aller Vorgänge in der physischen Welt gewiss nicht mechanischer Art ist; dass also jene Erklärungen, zu denen er auf dem inductiven Wege seiner Forschung und Wissenschaft gelangt, wie angemessen seinen geistigen und leiblichen Verhältnissen, daher jedenfalls schätzbar, sie auch sein mögen, ihm doch niemals vollständige oder unbedingte Naturkenntniss gewähren. Bei all' dem aber ist ihm auch jene bedingte Einsicht in die Verhältnisse der physischen Welt, die er sich, wenn auch nur mühsam und in beschränktem Maass, doch selbstthätig zu erringen vermag, von einem viel zu hohen Werthe, um darauf so lange verzichten zu können, bis nicht etwa die Philosophie ihre Aufgabe dereinst erfolgreich gelöst, mit dem Lichte ihrer absoluten Erkenntniss auch die dunklen Gebiete der Naturforschung erleuchtet und alle blos inductiven Ergebnisse der letzteren in unbedingte philosophische Wahrheiten umgesetzt haben wird.

§. 4.

Die Satzung von einer gleichen Schwere aller Materie, oder: Identität von Masse und Stoffmenge.

Die schulphysikalische Satzung von einer gleichen Schwere aller Materie ist kein Ergebniss der Erfahrung, sondern eine Folgerung aus der erfahrungsmässig constatirten gleichen Fallgeschwindigkeit aller Körper und aus der hypothetischen Annahme einer Gleichheit aller materiellen Substanzen in Betreff der Trägheitsgrösse oder Massenhaftigkeit (Wucht).

Unter letzterer Voraussetzung wurden auch die Pendelversuche mit verschiedenen Substanzen vom Astronomen Bessel angestellt, durch welche das Resultat ähnlicher Versuche Newton's bestätigt worden ist.

Hiernach werden alle Unterschiede, welche das specifische oder Volumgewicht verschiedener Substanzen darbietet, ohne weiters lediglich auf Rechnung der ungleichen Porosität oder Dichtigkeit der Körper gesetzt — und die Hypothese von einer gleichen Trägheitsgrösse, oder Massenhaftigkeit, aller Materie, gilt nun als Axiom, demzufolge auch die Menge oder Quantität einer materiellen Substanz (Stoffmenge) nicht nach der physischen Grösse, oder wahren körperlichen Ausdehnung als dem natürlichen einfachen Maass des quantitativen physischen Seins — sondern nach dem zusammengesetzten qualitativen Maass der Gravitation und des Trägheitswiderstandes, d. i. also des Gewichtes, bestimmt zu werden pflegt; was offenbar nur in der Voraussetzung geschieht, dass die Stoffmenge eines jeden Körpers dem Gewicht desselben direct proportional — d. h. dass die Trägheitsgrösse aller Materie, ungeachtet der specifischen qualitativen Verschiedenheit derselben, eine und dieselbe ist, dass also Masse und Stoffmenge durchaus identische gleichbedeutende Ausdrücke sind.

Diese, wiewohl im Grunde willkürliche Voraussetzung, erlangte mit der Zeit das Ansehen einer aus der Gravitationstheorie abgeleiteten Wahrheit. Jede, wenn auch noch so grosse Verschiedenheit im specifischen oder Volumgewichte ungleichartiger Substanzen, wird aus dem, unbestimmbar weite Spielräume gestattenden, Unterschiede der Porosität oder Dichtigkeit erklärt, und dies zwar auch bei Substanzen, wie z. B. Wasser, welches hienach mindestens zu $^{39}/_{40}$ seines

Volums aus leerem- und höchstens nur zu $^1/_{40}$ seines Volums aus stofferfülltem Raume bestehen soll; obwohl darin kein Menschenkind jemals mit allen Hilfsmitteln der Mechanik und Optik wirklich Poren zu entdecken — oder überhaupt etwas anders als eine in ihrem ganzen Rauminhalt gleichartige, nur sehr wenig oder gar nicht zusammendrückbare, Flüssigkeit wahrzunehmen — in dieser aber auch nicht die geringste Spur eines Unterschiedes zwischen den vermeintlichen leeren 39 Theilen und dem einzigen stofferfüllten Theile des Gesammtvolums herauszufinden vermochte. Wenn irgendwo, so dürfte wohl in diesem Fall das Zeugniss der äusseren Sinne für beachtenswerth gelten. Es blieb jedoch unbeachtet, da man geneigter war es zu verwerfen, um nicht jener Theorie, von der gleichen Trägheitsgrösse aller Materie, nahe zu treten.

Die hierüber allgemein herrschende Meinung nahm auch keine Notiz von der so wichtigen Entdeckung der Isomorphie, oder der Eigenschaft gewisser Substanzen, sich in ähnlichen Verbindungen, ohne Aenderung der Krystallgestalt, gegenseitig zu vertreten, oder zu ersetzen.

Da die Krystalle bekanntlich feste Körper sind, die sich in regelmässigen, durch ebene Flächen begrenzten Gestalten gebildet haben und deren Elementartheilchen eine bestimmte Grösse und Gestalt besitzen: so lassen sich an ihnen mit geometrischer Schärfe die Beziehungen und Verhältnisse wahrnehmen, welche einerseits zwischen der Form des Krystalles und seiner Zusammensetzung, andererseits aber zwischen den Stoffmengen der sich in der Krystallbildung vertretenden oder ersetzenden Substanzen bestehen. Genaue Beobachtungen ergaben darüber im Wesentlichen Folgendes:

1. Substanzen, die bei gleicher Krystallform auch eine in allen Stücken ähnliche Zusammensetzung besitzen, können zusammen krystallisiren, wobei sie gemischte Krystalle bilden, deren Form die nämliche ist, wie die ihrer Bestandtheile.

2. Wenn diese sogenannten isomorphen (gleichgestaltigen) Substanzen einander in der Krystallbildung vertreten, so verbleibt die geometrische Gestalt des ganzen Krystalles nur dann vollkommen dieselbe, wenn der ausgeschiedene Bestandtheil des Krystalls Punkt für Punkt durch die vertretende Substanz vollkommen ersetzt wird, d. h. wenn die vertretende Substanz nicht weniger und nicht mehr als alle jene geometrischen Raumtheile, welche die ausgeschiedene Substanz innehatte, genau ausfüllt; in welchem Fall also die Stoffmenge der vertretenden Substanz absolut gleich sein muss der Stoffmenge der vertretenen oder zu vertretenden. — In allen den Fällen, wo diese Bedingung nicht vollkommen erfüllt wird, gibt sich dies in einer merklichen Abweichung der Krystallgestalt, namentlich in der gegenseitigen Neigung der Kanten des Krystalls zu seiner Axe, zu erkennen.

3. Bei den vollkommen isomorphen Substanzen sind die Verhältnisszahlen ihrer specifischen Volumgewichte, wonach sie sich in ähnlichen Verbindungen ohne Aenderung der Krystallform vertreten, identisch

mit den Verhältnisszahlen ihrer chemischen Aequivalentengewichte, wonach sie einander in chemischen Verbindungen vertreten; folglich muss auch der Quotient beider constant gleich sein. So ist z. B.

für Chlor:
das chemische Aequivalentgewicht $= 35,4$
das specifische Volumgewicht $= 1,380$

$$\text{also } \frac{35,4}{1,380} = 25,\ldots$$

Für Jod:
das chemische Aequivalentgewicht $= 126$
das specifische Volumgewicht $= 4,948$

$$\text{und } \frac{126}{4,948} = 25,\ldots$$

Die Schlussfolgerung, die sich mir aus diesen Thatsachen zu ergeben scheint, erlaube ich mir in denselben Worten hier beizusetzen, wie ich sie bereits vor vierzehn Jahren in einer kleinen, unter dem Titel: „Physikalischer Beitrag zur Chemie," veröffentlichten Schrift dargelegt habe.

Das Gewicht eines Körpers oder sein Druck auf die Unterlage ist offenbar Gesammtwirkung aller schweren Bestandtheile desselben, d. i. die Summe der Bestrebungen oder Kraftimpulse, wodurch diese Bestandtheile zum Fallen getrieben werden. Ist nun alle Materie gleich schwer: so muss das Gewicht eines jeden Körpers der Stoffmenge desselben direct proportional sein.

In diesem Falle würden die festen Gewichtsverhältnisse chemischer Verbindungen zugleich constante

Verhältnisse ihrer Stoffmengen sein müssen. Dass sie es aber nicht sind, nicht sein können, wird durch die jedem Chemiker und Krystallographen wohlbekannten Thatsachen eines vollkommenen Isomorphismus in ungleichem Gewichtsverhältnisse von Substanzen unwiderlegbar dargethan. So z. B. sind Chlor und Jod isomorph; das Gewichtsverhältniss, in welchem sie sich gegenseitig vertreten, ist 443,25 Chlor : 1589,25 Jod, identisch mit den Verhältnisszahlen des specifischen Körpergewichts dieser Substanzen, nämlich 1,380 flüssiges Chlor zu 4,948 Jod. **Demnach enthalten 1,380 Gewichtstheile Chlor genau so viel raumerfüllende Substanz oder Materie wie 4,948 Gewichtstheile Jod.**

Mit andern Worten: gleiche Stoffmengen Chlor und Jod sind ungleich schwer, und zwar im Verhältnisse wie 1,380 : 4,948. Da aber zufolge eines durch die genauesten Pendelversuche constatirten Naturgesetzes alle irdischen Körper durch die Anziehung (Gravitation) der Erde gleiche Beschleunigungen der Bewegung erfahren, d. h. gleich schnell fallen: so folgt daraus in Verbindung mit jenen Gewichtsunterschieden nothwendiger Weise, **dass sich die Trägheitsgrössen gleicher Stoffmengen Chlor und Jod gerade wie ihre angegebenen Gewichtsgrössen 1,380 : 4,948 verhalten.**

Dieses ist offenbar auch das Verhältniss ihrer Massen; denn ist m die Masse, s die Stoffmenge, i die Trägheitsgrösse des Chlors, während für Jod dieselben Grössen beziehungsweise mit m' s' und i' bezeichnet werden: so hat man

$$\frac{m}{m'} - \frac{si}{s'i'} = 0 \text{ und, da } s = s', \frac{m}{m'} = \frac{i}{i'}$$

Wenn anerkannter Massen schon eine einzige Thatsache hinreicht, um die gegentheilige Hypothese umzustossen: so lässt sich hier wohl mit einigem Rechte behaupten, dass seit Entdeckung der Thatsachen und des Verhaltens isomorpher Substanzen die Hypothese einer gleichen Schwere aller Materie nur mehr conventionelle Geltung hat.

§. 5.

Materie mit drei wesentlich verschiedenen Qualificationen oder Grundeigenschaften.

Je fühlbarer für eine Wissenschaft das Bedürfniss besteht, in der Wahl ihrer Grundsätze und Grundbegriffe mit aller Umsicht, Strenge und Folgerichtigkeit zu Werke zu gehen: um so berechtigter wäre, wie mir scheint, das Bedauern, die zumeist herrschende Naturlehre in dieser Beziehung mit sich selbst gleichsam im Widerspruche zu finden, wenn sie ihren Hauptgegenstand, nämlich die Materie, einmal als das gegen jede Zustandsänderung von Ruhe oder Bewegung völlig Indifferente, — bald wieder als das gerade Entgegengesetzte, nämlich gegen jede Zustandsänderung von Ruhe oder Bewegung Reagirende (Widerstrebende), — endlich aber sogar als das, durch gegenseitige Anziehung, unablässig auf Zustandsänderung Hinwirkende darstellt, zudem noch alle diese einander widerstreitenden und gegenseitig sich aufhebenden Bestimmungen oder Grundeigenschaften gleichwohl im Wesen einer und derselben Materie vereinigt bestehen lässt, und zwar auf Grund erfahrungsmässiger Thatsachen; welche jedoch ohne Rücksicht auf die Unvereinbarkeit der in ihnen enthaltenen verschiedenartigen Merkmale durchwegs nur sensualistisch, als Wirkungen der Materie oder ihrer Kräfte aufgefasst, auch demgemäss sämmtlich einer gleichen Auslegung, gleichen Schlussfolgerung unterzogen werden.

Die Thatsachen selbst erleiden zwar keinen Zweifel, aber die Auslegung derselben scheint mir grossentheils eine verfehlte und irrige zu sein, aus Gründen, deren Darlegung den Gegenstand des nun folgenden Theiles dieser Schrift bilden soll.

II.

Ueber Materialität und Gravitation.

II.

Materialität und Gravitation.

§. 6.

Trägheitswiderstand.

Das wesentliche Merkmal der Materialität und zugleich die objective Bedingung aller Sinnfälligkeit physischer Substanzen besteht erfahrungsmässig in dem sogenannten Trägheitswiderstande (Wucht, Massenhaftigkeit), vermöge dessen jeder sinnlich wahrnehmbare Körper seinen jeweiligen Zustand von Ruhe oder Bewegung dermaassen zu erhalten strebt, dass jede Aenderung desselben nur durch eine sowohl der Zustandsänderung als auch dem Trägheitswiderstande proportionale Kraft bewirkt zu werden vermag; dass also eben soviel Kraft erforderlich ist, um den mit einer bestimmten Geschwindigkeit in Bewegung begriffenen materiellen Körper zum Stillstand zu bringen, als früher nothwendig war, um denselben Körper aus dem Zustand der Ruhe in jenen der Bewegung mit der bestimmten Geschwindigkeit zu versetzen.

Dieser Trägheitswiderstand ist bei gleichartigen Substanzen stets der Menge derselben proportional; er haftet an ihnen beständig und unveränderlich, wiewohl er sich wirksam nur dann zeigt, wenn ihren jeweiligen Zustand von Ruhe oder Bewegung irgend eine Ursache zu verändern strebt. Ohne ihn würde jede, wenn auch noch so geringe Kraft im Stande sein, jeden, auch den grössten Körper aus völliger Ruhe plötzlich in schnellste Bewegung zu versetzen, und ebenso den grössten und in schnellster Bewegung begriffenen Körper plötzlich zu völligem Stillstand ohne allen Stoss oder Anprall zu bringen.

Hieraus erhellt, dass alle Kraft, welche man der ruhenden oder bewegten Materie beizulegen pflegt, ihre gesammte Wirkung und Gegenwirkung, ihre Wucht, ihr Antrieb, gleichwie ihr Widerstand, eigentlich nichts anderes ist, als der unter verschiedenen Umständen wirksame Trägheitswiderstand, welcher auf allen materiellen Substanzen haftend, ihre Beweglichkeit mehr oder weniger beschränkt und eben hiedurch dasjenige hervorbringt, was Masse (oder Massenhaftigkeit) genannt wird.

Es ist nämlich eine erfahrungsmässige Folge des Trägheitswiderstandes, dass, wenn man dieselbe Kraft allmählig auf verschiedene Körper nacheinander, durch eine gleiche Zeit, unter übrigens gleichen Umständen, wirken lässt: sie nicht allen Körpern dieselbe Geschwindigkeit ertheilt; dass also Kräfte von verschiedener Intensität erforderlich sind, um diesen Körpern dieselbe Bewegung zu ertheilen. Wird aber in der

That zwei Körpern durch dieselbe Kraft, unter denselben Umständen, dieselbe Bewegung ertheilt: so sind ihre Massen gleich; während im vorigen Fall die Massen ungleich waren.

Wenn nun zwei Körper aus derselben Art von Materie bestehen, so hat die Gleichheit ihrer Massen, auch die Gleichheit ihrer Stoffmengen, oder materiellen Eigengrössen zur Folge; welches aber nicht mehr stattfindet, wenn diese Körper aus verschiedenen Substanzen bestehen. Das Verhältniss der Massen jedoch wird in jedem Fall gemessen durch das Verhältniss gleichartiger Kräfte, welche diesen Massen unter denselben Umständen, Bewegungen von derselben Geschwindigkeit ertheilen. Hienach ist die Begriffsbestimmung der Masse schon in dem Satz enthalten, dass die, unter übrigens gleichen Umständen wirkenden, Kräfte sich verhalten, wie die Massen der Körper, welchen sie dieselbe Geschwindigkeit ertheilen.

Schliesslich ist es auch der Trägheitswiderstand, wodurch alle physischen Einzelkräfte ein bestimmtes Intensitäts-Verhältniss zu ihren Gegenständen erhalten, wodurch die Wirkungen derselben zu endlichen — somit alle Veränderungen in der Welt der äussern Erscheinung zu stetigen gemacht, auch überhaupt die zur sinnlichen Wahrnehmung der Aussenwelt nothwendigen Eindrücke auf die Sinnesorgane ermöglicht werden.

Die absolute Grenze der Materialität oder Sinnfälligkeit physischer Substanzen fällt demnach mit der Grenze des Trägheitswiderstandes dergestalt zusammen, dass bei dem Trägheitswiderstande $= 0$ auch die Materialität der physischen Substanz $= 0$ wird, also aufhört und in physische Immaterialität übergeht.

Wäre der Trägheitswiderstand, womit alle sinnfälligen Körper behaftet sind, nicht eine in jedem Augenblick vorkommende bei jeder Körperbewegung wahrnehmbare Erscheinung: so würde er wahrscheinlich, und mit Recht, die Aufmerksamkeit der denkenden und das Erstaunen vieler Menschen in hohem Grade erregen. Denn es ist in der That etwas Ausserordentliches, wenn eine regungs- und willenlose Masse, welcher keinerlei spontane Tendenz eigen ist, in Wirklichkeit gleichwohl den Anschein darbietet, als strebe sie ihren jeweiligen Zustand von Ruhe oder Bewegung dadurch zu erhalten, dass sie jeder auf eine Veränderung desselben nach beliebiger Richtung hin wirkenden Ursache stets einen proportionalen Widerstand entgegensetzt.

Hier bietet sich nun gleichsam von selbst die Frage dar: ob der Trägheitswiderstand zum Wesen aller physischen Substanzen gehört, ob es also keine physische Substanz gibt, deren Beweglichkeit von jeder derartigen Beschränkung frei ist.

Für allgemeine und wesentliche Kennzeichen der physischen Substanz darf man durch Induction nur solche Eigenschaften oder Erscheinungen gelten lassen, die sich an allen der sinnlichen Wahrnehmung zugänglichen Substanzen ohne Ausnahme zeigen, die keiner Intensitäts-Abstufung fähig sind und unter allen Bedingungen, in die man sie versetzt, beständig bleiben. Als solche Erscheinungen, welche diesen Bedingungen Genüge leisten und ohne welche das reale physische Sein gar nicht denkbar ist, geben sich die körperliche Ausdehnung und Impenetrabilität, oder mit einem Worte Eigengrösse zu erkennen, vermöge welcher jedes physische Wesen und jeder Theil eines solchen seinen physischen Ort in sich selbst beständig und unveräusserlich inne hat.

Der inductive Begriff der physischen Substanz, als eines mit körperlicher Ausdehnung und Impenetrabilität, oder was dasselbe ist, mit physischer Eigengrösse begabten Wesens, schliesst also in sich durchaus nichts, woraus eine Beschränkung der Beweglichkeit — wie solche im Trägheitswiderstande liegt — abgeleitet oder erklärt zu werden vermöchte; er gestattet vielmehr im Allgemeinen die Schlussfolgerung auf unbedingte Beweglichkeit der physischen Substanz, inwofern hiebei von dem Widerstande des umgebenden Mittels abgesehen wird, da dieses Medium eben auch eine physische Substanz sein muss, wenn es nicht etwa eine blosse Ausdehnung ohne Inhalt, d. i. ein absolut leerer Raum sein soll.

Die physischen Grössen, deren objective Realität keinem vernünftigen Zweifel unterliegt, unterscheiden sich in Betreff ihrer Sinnfälligkeit, d. i. der subjectiven Beziehung auf unser sinnliches Wahrnehmungsvermögen in zwei wesentlich ungleichartige Ordnungen, nämlich:

1. Grössen, welche, wenn sie auch nicht geradezu tastbar sind, doch jedenfalls mittelbar auf unsere im normalen Zustande befindlichen äusseren Sinne (oder wenigstens

auf einen derselben) bestimmte Eindrücke üben, wodurch sie von uns wahrgenommen werden.

2. Grössen, die, ohne auf unsere Sinne in solcher Weise einzuwirken, lediglich in Folge einer durch Eindrücke der Grössen erster Ordnung hervorgebrachten Umgrenzung oder relativen Lücke, mithin gleichsam auf negative Weise wahrgenommen und hierauf durch logische Vernunftschlüsse oder geometrische Deductionen mehr oder minder genau erkannt werden. So wurden aus den bisher bestimmten Parallaxen mehrerer Fixsterne die Abstände derselben von unserem Sonnensysteme berechnet, somit auch die Grösse des dazwischen liegenden „Weltraumes" erkannt, dessen Unermesslichkeit aus der stufenweise abnehmenden Lichtstärke der entfernteren Gestirne, sowie aus den stets zurückweichenden Grenzen der optischen Tragweite auch der vollkommensten Fernröhre gefolgert worden ist. So wurde aus der Vergleichung der ältesten und der neueren astronomischen Beobachtungen geschlossen, dass die Bewegungen der Weltkörper in einem nicht widerstehenden, folglich nicht materiellen Mittel vor sich gehen.

Da nun die Grössen der ersteren Ordnung allgemein „materielle" oder sinnfällige genannt werden: so ist es, wie mir scheint, nur folgerichtig, jene der andern Ordnung als physisch-immaterielle*) oder über-

---

*) Nur ist hiebei jedenfalls der wesentliche Unterschied zu beachten und gehörig zu würdigen, welcher zwischen der physischen (realen) und der metaphysischen (transcendentalen) Immaterialität besteht. Die erstere nämlich umfasst Substanzen, welche mit physischer

sinnliche Grössen gelten zu lassen, deren Dasein gegründeter Weise eben so wenig geläugnet oder bestritten werden kann, als das der materiellen. Es ist dem menschlichen Wissenstriebe nicht zu verargen, wenn er sich durch so räthselhafte Erscheinungen, wie sie der Trägheitswiderstand materieller Substanzen darbietet, zu der Frage nach einem ursachlichen Zusammenhange derselben angeregt fühlt. Was aber das bisherige Ergebniss dieser Anregungen betrifft: so dürfte auch bei den übrigens gewiss überaus glänzenden Fortschritten der Naturwissenschaft unserer Zeit kaum in Abrede zu stellen sein, dass sich die Mehrzahl der heutigen Physiker hinsichtlich ihrer Begriffe und Vorstellungen von dem Wesen der sogenannten Trägheitskraft (Massenhaftigkeit) nahezu auf derselben Erkenntnissstufe befinden, auf der ihre Vorgänger des Mittelalters hinsichtlich der irdischen Schwere und ihrer Erscheinungen gewesen sind. Gleichwie nämlich diese behauptet hatten, dass es eine den Körpern inwohnende natürliche Eigenschaft sei, sich nach unten, als nach dem allen schweren Körpern natürlichen Orte, zu bewegen: so gilt auch der Mehrzahl der jetzigen

---

Eigengrösse, d. i. körperlicher Ausdehnung und Impenetrabilität begabt, jedoch von allen Trägheitsbanden frei und in sich selbst absolut beweglich sind, daher keiner sinnlichen Wahrnehmung unterliegen. Die metaphysische Immaterialität dagegen begreift in sich rein geistige Wesen, bei denen schon zufolge ihrer Begriffsbestimmung weder von Ausdehnung noch von Impenetrabilität irgend eine Rede sein kann, welche also selbstverständlich kein Gegenstand dieser Schrift ist.

Physiker die Trägheitskraft (Massenhaftigkeit) für eine natürliche immanente und allgemeine Eigenschaft aller physischen Körper oder Substanzen, und ist zufolge ihrer Ansicht einer weitern Erklärung oder Nachweisung der physischen Ursache weder zugänglich noch bedürftig.

Einer solchen Ansicht vermag ich durchaus nicht beizupflichten. Mein Grund ist, wie mir scheint, einfach, natürlich und einleuchtend; er besteht in Folgendem:

Der nach allen Richtungen stetige Widerstand eines sonst frei beweglichen Objectes setzt eine nach allen Richtungen zugleich bestehende constante Spannung desselben, diese aber setzt wieder nach allen Richtungen beständig wirkende Spannkräfte voraus. Wenn nun Bewegung nie als wesentliche Eigenschaft der Materie gilt, so kann auch diejenige Kraftwirkung, welche sich im Zustande der Spannung äussert, nicht als wesentliche Eigenschaft der Materie gelten. Man wird also, wie ich hoffe, die Voraussetzung nicht tadeln, dass ein nach allen Richtungen zugleich thätiger Widerstand nur in Folge von äusseren Kräften stattfindet und dass die Kräfte nach den Gesetzen ihrer Natur wirken.

Da es sich hier um die physische Ursache des Trägheitswiderstandes handelt: so sind hauptsächlich diejenigen Erscheinungen, Thatsachen, Umstände oder Eigenheiten hervorzuheben, welche hierin als wahre Merkmale eines bestehenden Causalzusammenhanges zur Grundlage inductiver Schlüsse dienen können. Für solche Merkmale erkenne ich die folgenden:

1. Der Trägheitswiderstand wird durch eine wie immer geartete Zertheilung einer materiellen Grösse, eines Körpers weder aufgehoben noch verändert, sondern haftet beständig auf jedem einzelnen Theile in demselben Verhältnisse, wie auf dem ganzen Körper, erstreckt sich ebenso auf die kleinsten Elementartheilchen der Materie (Atome); die physische Ursache desselben muss also unmittelbar auf die allerkleinsten Elementartheilchen aller materieller Substanzen wirken.

2. Der Trägheitswiderstand oder die Massenhaftigkeit äussert sich auf gleiche Weise in allen, der astronomischen Beobachtung durch optische Hilfsmittel zugänglichen Entfernungen an allen sichtbaren Welt- und Himmelskörpern, deren Massen aus ihren Bewegungen — in mehreren Fällen (bei Doppelsternen) sogar weit ausser dem Gebiete unseres Sonnensystems — nach demselben dynamischen Principe des Trägheitswiderstandes berechnet, und mit allen Bewegungs-Erscheinungen stets im Einklange befunden wurden. Hieraus folgt, dass auch die physische Ursache des Trägheitswiderstandes dort überall stets gegenwärtig und in gleicher Weise wirkend ist.

3. Diese in allen Fernen und Tiefen des physischen Weltalls befindliche und stets wirkende Ursache des Trägheitswiderstandes (d. i. der Materialität) kann nicht selber materiell, d. h. gleichfalls mit Trägheitswiderstand behaftet sein; weil zufolge der genauesten astronomischen Beobachtungen, welche seit länger als zweitausend Jahren gemacht wurden, in den Umlaufszeiten und Bahngrössen der Weltkörper keine Abnahme,

keine Verminderung eingetreten ist; woraus folgerichtig geschlossen werden muss, dass jene Bewegungen in einem nichtwiderstehenden, also physisch-immateriellen Mittel (Medium) vor sich gehen; dass also die wirkende Ursache des Trägheitswiderstandes **eine physische, aber immaterielle Substanz** ist. Denn: physisches Wirken ohne physisches Sein des Wirkenden ist eben so wenig jemals wahrgenommen, beobachtet, erkannt oder auch nur logisch begriffen worden, als jemals physisches Sein ohne physischen Ort, d. i. ohne körperliche Eigengrösse des Seienden wahrgenommen, beobachtet, erkannt oder logisch gedacht zu werden vermag. Was also physisch wirkt, muss auch zufolge aller Erfahrung und Logik physische Eigengrösse, d. i. körperliche Ausdehnung und Daseinsstetigkeit haben. Demnach ist die Schlussfolgerung von einem zweifellos erkannten physischen Wirken auf das Bestehen einer physischen Eigengrösse des Wirkenden allgemein giltig, ohne Unterschied, ob die Eigengrösse des Wirkenden unserer sinnlichen Wahrnehmung ganz und direct zugänglich sei oder nicht, zumal uns weder Erfahrungs- noch Vernunftgründe zu der Annahme berechtigen, dass die objective Realität des Seienden irgendwie von unserem sinnlichen Wahrnehmungsvermögen abhängt, dass also physisches Sein nur dem Sinnfälligen, Tastbaren, Materiellen zukömmt.

Die hier massgebenden Grundsätze der Mechanik sind:

I. Zwei beliebige constante Kräfte, wenn sie auf gleiche Objecte, in gleicher Weise, durch dieselbe

Zeit wirken: bringen in diesen Objecten dynamische Wirkungen hervor, welche genau den Intensitäten dieser Kräfte proportional sind.

II. Gleiche, in entgegengesetzten Richtungen und allseitig concentrisch auf einen physischen Punkt wirkende constante Kräfte halten ihren Angriffspunkt im Gleichgewichte mit einer Spannungs-Intensität (Trägheitskraft), welche innerhalb des Spielraumes der Spannkräfte der statischen Summe dieser Kräfte direct proportional ist.

III. Wenn zwei oder mehrere, in keinem Zusammenhange stehende physische Punkte, deren jeder durch besondere, auf ihn allseitig concentrisch wirkende constante Spannkräfte im Gleichgewichte gehalten wird, von hinzutretenden gleichen Kräften angegriffen werden: so verhalten sich die ihnen hiedurch während der Zeiteinheit ertheilten Geschwindigkeiten umgekehrt wie ihre Spannungs-Intensitäten, indem ihre Bewegungsgrössen sämmtlich gleich sind.

§. 7.

Gravitation.

Es sei in dem sogenannten absolut leeren Raume eine frei bewegliche Kugel **A** von beliebiger endlicher Grösse, bestehend aus einer gleichartigen und stetigen (d. i. keine discreten Theile oder Zwischenräume enthaltenden) Substanz, welche nebst körperlicher Ausdehnung und Impenetrabilität nur die Eigenschaft besitze, gegen jede Aenderung oder Erhaltung ihres jeweiligen Zustandes von Ruhe oder Bewegung vollkommen gleichgiltig (indifferent) zu sein.

Diese Kugel würde zufolge obiger Annahmen unabhängig von ihrer körperlichen Grösse jedem Kraftimpulse unbedingt und ohne alle Reaction nach rein geometrischen Gesetzen folgen, jede Geschwindigkeit des Bewegenden unvermindert annehmen und aus dem Zustande schnellster Bewegung durch den geringsten Widerstand zur sogleichen Ruhe ohne allen Anprall oder Rückstoss gebracht werden.

Denkt man sich nun von derselben Substanz wie A ein physisch untheilbares, d. h. einen physischen Punkt bildendes Kügelchen (Atom) a allseitig unmittelbar und concentrisch umschlossen von der unermesslich grossen Sphäre eines stetigen, vollkommen identischen, in sich selbst ohne discrete Theile oder Zwischenräume absolut beweglichen und in seiner ganzen Ausdehnung gleichmässig kraftbegabten Fluidums von solcher Beschaffenheit, dass es in Berührung jeder starren untheilbar-stetigen Grösse gegen diese von jedem Punkte seiner ganzen, ein identisch-einheitliches Continuum bildenden Kraftsphäre einen Abstossungsdruck (Repulsion) übe, dessen Intensität der qualitativen Verschiedenheit des heterogenen Atoms direct proportional sei: so wird offenbar das Kügelchen a, da es sich im Mittelpunkte der umgebenden Kraftsphäre befindet, von jedem Punkte derselben fortwährend gleiche und stetig in radialen Richtungen convergirende Abstossungsimpulse erleiden, deren Resultirende, da sie sich nach allen Richtungen im Gleichgewichte halten, in Bezug auf Bewegung offenbar Null $= 0$ ist, wodurch also das Atomkügelchen a nicht in Bewegung gesetzt, wohl aber in einer den wirkenden Kräften proportionalen und nach jeder Richtung hin gleichen Spannung gehalten, eben hiedurch aber die constante Erscheinung des Trägheitswiderstandes (Massenhaftigkeit) hervorgebracht wird.

Denkt man sich hiebei die ganze unermessliche Kugel des identischen kraftbegabten Mediums aus lauter concentrischen in einander liegenden Flächen bestehend: so werden alle Punkte der äussersten Kugelfläche ihre Abstossungs-Action gegen das Atom a in radialen Richtungen an die Punkte der nächsten Fläche übertragen, die Punkte dieser Fläche werden sowohl die überkommene als auch ihre eigene Action an die Punkte der unmittelbar folgenden — diese wieder ebenso an die zunächst folgende Fläche und so weiter fortwährend übertragen, bis endlich die Gesammt-Action der Kraftsphäre sich auf dem Kügelchen (Atom) a concentrirt und dessen sogenannte Trägheitskraft (Massenhaftigkeit) bildet.

Bezeichnet man den Halbmesser der kraftbegabten unermesslichen Sphäre mit R, die gleichmässige Intensität der von jedem Punkte derselben gegen das untheilbare Kügelchen gerichteten Abstossung mit u, den Halbmesser des Kügelchens mit r: so ist die Summe des von der Kraftsphäre gegen das Kügelchen a concentrisch und stetig wirkenden Druckes

$$m = \frac{4\pi}{3}(R^3 - r^3)\mu$$

oder, da r^2 — gleichwie die ganze Volumgrösse unseres Sonnensystems — gegen die unermessliche Grösse R^3 entschwindend klein ist:

$$m = \frac{4 \pi R^3}{3} \mu$$

und die Action auf jeden Flächenpunkt des untheilbaren Kügelchens ist

$$V = \frac{R^3 \mu}{r^2}$$

Da sich concentrische Kugelflächen wie die Quadrate ihrer Halbmesser verhalten: so ist an jedem Punkt der Repulsionssphäre, dessen Abstand vom Atom mit nr ausgedrückt wird, die gegen dasselbe Atom gerichtete Abstossungs-Action

$$V = \frac{R^3 \mu}{(nr)^2}$$

oder auch, da die unermessliche Repulsionssphäre R^3 als const. $= I$ gesetzt werden kann:

$$V = \frac{I \mu}{(nr)^2}$$

Denkt man sich nun neben **a** frei beweglich ein ganz gleiches Atom **b**: so wird auch dieses durch die gegen dasselbe gerichtete concentrische Abstossungs-Action des kraftbegabten identischen Mediums, eine gleiche Spannungs- oder Trägheitsgrösse erleiden wie Atom **a**.

Die beiden Atome **a** und **b** werden aber jetzt nicht im Gleichgewicht verbleiben, sondern in der Richtung ihrer Verbindungslinie sich einander u. z. hier mit gleicher Beschleunigung nähern. Denn: jedes von ihnen befindet sich zugleich in der gegen das andere concentrisch wirkenden Repulsionssphäre; es erhält also

— (ausser seiner nach allen Seiten gleichmässigen, daher keine Bewegung bewirkenden, Trägheitsspannung) — von einer Seite (nämlich in der Richtung seiner Verbindungslinie mit dem andern Atom) fortwährend Impulse, welche durch keine entgegengesetzte Einwirkung aufgehoben werden, folglich Bewegung bewirken. Diese gegenseitige Bewegung erscheint also nothwendigerweise als Function der beiden Trägheitsspannungen, d. i. Massen und ihrer Entfernung. Es lässt sich demnach die gegenseitige Impulsion, womit ein untheilbarer Massenpunkt m gegen einen andern derartigen Massenpunkt m' getrieben wird, wenn die Entfernung der beiden Punkte von einander $= r$ ist, und wenn μ die Grösse der Impulsion zwischen zwei Punkten von der Masse $= 1$, in der Entfernung $= 1$ bezeichnet, durch

$$\frac{\mu \, m \, m'}{r^2}$$

ausdrücken.

Die Allgemeingiltigkeit dieses Ausdruckes für je zwei Massenpunkte ist schon daraus ersichtlich, dass sich jedes Atom in einem gegen jedes andere Atom gerichteten Repulsionsstrome des kraftbegabten Mediums so gewiss befinden muss, als zwischen je zwei Punkten eine gerade Linie gezogen werden kann.

Aus dem bisher Vorgetragenen dürfte bereits jeder Sachkundige im Stande sein, die vollkommene Uebereinstimmung, ja völlige Identität, zwischen den nach dieser Impulsionstheorie berechenbaren und den nach der Attractionstheorie berechneten Gravitationswirkungen einzusehen und den Grund derselben darin zu finden, dass alle hiebei massgebenden Relationen und Bestimmungen, zwischen Masse, Kraft, Entfernung und Bewegung, nach beiden Theorien ganz dieselben sind, folglich auch die auf gleichen Grundlagen, mit gleichen und auf gleiche Art verbundenen Elementen durchgeführten gleichen Rechnungs-Operationen, identisch gleiche Ergebnisse liefern. Die Uebereinstimmung ist in der That eine so vollständige, dass die Berechnung aller Gravitationswirkungen, ohne mindeste Abweichung, selbst in der Form der Ausdrücke, in beiden Fällen dieselbe bleibt. Aller Unterschied besteht nur in Beziehung auf die wirkende Ursache darin, dass man sich hier die Gravitation nicht als Wirkung einer von den Massen ausgehenden und in die Ferne, ohne Vermittlung, wirkenden Anziehung — sondern als Wirkung eines von der kraftbegabten Substanz des unermesslichen Weltmediums nach den Massen hin treibenden Druckes (Impulsion) zu denken hat.

§. 8.

Schluss.

Da eine vollständige Entwicklung oder Deduction der Folgesätze dieser Theorie nur jener — vielleicht noch allzu fernen — Zeit vorbehalten bleibt, wo die Theorie selbst aufgehört haben wird eine **Sonderstimme** zu sein: so erlaube ich mir noch zum Schlusse die wesentlichsten Momente nur anzudeuten, in denen einige Gewähr für meine Theorie zu liegen scheint. Zu diesen zähle ich:

1. dass, zufolge meiner Theorie, alle Erscheinungen der Gravitation mit Nothwendigkeit aus der Materialität (Massenhaftigkeit) selbst folgen, in der That also nur dynamische Corollarien der Materialität bilden; dass somit durch eine und dieselbe physische Ursache zugleich der zwischen den beiden allgemeinsten und grossartigsten Naturerscheinungen (Materialität und Gravitation) bestehende Causalzusammenhang genügend erklärt ist.

2. Dass hiezu keine willkürlich ersonnene, imaginäre, unmotivirte, in der Wirklichkeit nicht nachweisbare Art von Bewegungserfolg — sondern nur eine solche Art von Anregung des kraftbegabten Mittels postulirt wird, wie sie erfahrungsmässig in der Wirklichkeit, z. B. bei Anregung der sogenannten chemischen Thätigkeit durch Berührung des Festen mit Flüssigem, unzweifelhaft besteht.

3. Dass dadurch die unstatthafte Annahme einer, jede Begreiflichkeit unbedingt ausschliessenden, auch mit der augenscheinlichen Passivität oder Indifferenz der Materie in vollem Widerstreit stehenden, unbegrenzten und unvermittelten Fernwirkung, fortan ganz entfällt.

4. Dass der zwischen dem Princip der Erhaltung der Kraft und dem allgemeinen Gesetz der Schwere, unter der Voraussetzung einer gegenseitigen **Anziehung** der Massen bestehende, von Einem der grössten jetzt lebenden Naturforscher nachgewiesene Widerspruch[*] nunmehr völlig und befriedigend gelöst ist.

---

[*] V. The London, Edinburgh and Dublin Philosophical Magazine and Journal of Science, etc. etc. Series 4. Vol. XIII. p. 225.

5. Dass die bisher postulirte, jedoch mit den Thatsachen eines völlig constatirten Isomorphismus zwischen Krystallkörpern von ungleichem Volumgewichte durchaus unverträgliche Satzung von einer gleichen Schwere und gleichen Trägheitsgrösse aller Materie, gründlich und ohne Abtrag des Newton'schen Gravitationsgesetzes, beseitigt wird.

6. Dass die einseitig-sensualistische Hypothese von einem absolut leeren Weltraum fortan entfällt, dafür aber durch das erschlossene Dasein der wesentlichsten, gleichwohl bisher unerkannt gebliebenen, physisch-immateriellen Substanz, das Gebiet der Naturwissenschaft ergänzt und erweitert ist.

7. Dass die bisher von mancher Seite so überaus verherrlichte Materie in der physischen Welt bei weitem nicht das ist, wofür sie gehalten und ausgegeben wurde — dass ihre kosmischen Kräfte eitler Schein sind, nur geeignet neue Belege dafür abzugeben, wie leicht eine sinnfällige, glänzende oder geräuschvolle Erscheinung die Aufmerksamkeit des sinnlichen Menschen für sich einzunehmen und festzuhalten vermag, während das stille und einfache Walten selbst der grossartigsten Naturkräfte unerkannt und unbeachtet vor sich geht. Endlich

8. dass dieser Theorie einfache Klarheit, völlige Bestimmtheit und strenge Folgerichtigkeit kaum abzusprechen sein dürfte.